# LES
# MIRACLES;
## CONTE DÉVOT.

# LES MIRACLES,

## CONTE DÉVOT.

QUATRIÈME ÉDITION,

AUGMENTÉE

## DU MAITRE ITALIEN,

NOUVELLE.

---

A PARIS,

Chez DABIN, libraire, au bas de l'escalier de la bibliothéque, palais du Tribunat.

AN X. — 1802.

# LETTRE

## DE M. L'ABBÉ MAUDUIT,

## A L'ÉDITEUR.

Bergerac, le premier juin, l'an de grace 1802.

Vous habitez toujours la capitale, mon cher ami; veuillez y publier, je vous prie, un Conte Dévot que j'ai composé pour réjouir les fidelles, et convertir les philosophes. Nous n'avons pas un bon imprimeur à Bergerac : il s'en faut bien d'ailleurs qu'il y ait autant de philosophes qu'à Paris. J'avais quelque droit à m'exercer dans le genre des pieuses narrations : vous n'avez pas oublié que je descends en ligne directe de l'abbé de Choisy, célèbre par ses histoires édifiantes, et par l'habitude moins édifiante de s'habiller en femme. On prétend que ce vêtement peu sacerdotal le brouilla avec les jésuites ; calomnie pure, et calomnie mal-adroite. Les jésuites n'étaient pas dupes ; ils se méfiaient des apparences, et ne jugeaient pas des hommes sur l'habit.

Cette prétendue brouillerie est si fausse, que l'abbé de Choisy, sous-ambassadeur, fit un long voyage avec les jésuites, pour aller convertir le roi de Siam, au nom de

Louis XIV. Il a écrit le journal de ce voyage. Il y rend justice, non-seulement au zèle ardent de M. Basset et de M. Vachet, missionnaires, mais encore à l'éloquence du P. Lecomte et à l'esprit du P. Gerbillon, tous les deux jésuites. Il pardonna même au P. Gerbillon de lui avoir gagné une partie d'échecs. Le roi de Siam ne se convertit pas; mais il chargea l'abbé de Choisy, qui repartait pour l'Europe, de faire ses compliments au pape et au cardinal de Bouillon. Malheureusement le cardinal de Bouillon, qui n'était pas disgracié à la cour de Siam, l'était alors à celle de Versailles; et le roi de Siam, qui n'en savait rien, jouait un tour cruel au sous-ambassadeur. Quelques jours avant de se rembarquer, l'abbé, ne sachant que faire à Siam, songea qu'ayant possédé toute sa vie de riches bénéfices, il ne ferait peut-être pas mal de recevoir les ordres sacrés. Il avait alors quarante-deux ans. Il reçut les quatre mineurs le 7 décembre au matin: il se dépêcha de recevoir les trois majeurs, et n'eut pas plutôt le bonheur d'être prêtre, qu'il voulut se donner le plaisir de dire la messe, et même de prêcher. Il prêcha donc en pleine mer, comme il eût prêché pour son ami l'abbé de Dangeau, en beau français académique, à la grande satisfaction des matelots, qui n'entendaient que le bas-breton.

Votre amitié voudra bien excuser tous ces détails On aime à parler de ses ancêtres. Je n'ajoute qu'un mot sur l'abbé de Choisy. Ce fut avant, après, ou durant son voyage à Siam, qu'il écrivit ses histoires édifiantes. Il n'aurait tenu qu'à lui de les appeler contes; car elles ne sont appuyées d'aucune autorité, d'aucun témoignage historique. Il n'en est pas ainsi du Conte Dévot que je vous envoye; j'aurais eu le droit de l'appeler histoire. Il est connu sous le nom des Gabs, vieux mot français qui veut dire gageures; on le trouvera dans les aventures authentiques de Guérin de Montglave et de Galien le restauré. Bernard de la monnaie, dans la troisième partie du Ménagiana raconte ces miracles, en les gâtant un peu. Au reste, les jurés éplucheurs, nommés censeurs-royaux, malgré leur rigueur janséniste pour le Ménagiana, laissèrent passer l'anecdote. Il s'agissait de miracles aussi bien attestés que ceux du diacre Paris. On n'a pas été plus sévère pour Tressan qui les a rapportés depuis dans les extraits de nos anciens romans. J'ai suivi le récit original, en l'ornant avec discrétion, sachant le respect qu'on doit aux textes sacrés.

Dans mon religieux préambule, j'ai fait commémoration de trois de nos patrons les plus signalés, M. l'abbé Geoffroi, François-Auguste de Châteaubriant, et madame de Genlis. Je n'ai point parlé de plusieurs autres, c'est peut-être un injuste oubli; mais vous savez qu'on ne peut pas tout dire.

Pour M. l'abbé Geoffroi, je vous prie de lui recommander et l'auteur et l'ouvrage. Mais ne vous y trompez pas. S'il en dit du bien, je suis infailliblement sauvé dans l'autre monde ; mais je suis perdu dans celui-ci. Qu'il déchire l'ouvrage et l'auteur, il rend mon succès infaillible; et de cette manière, son avis est d'un grand poids. Ce que je vous écris est confidentiel; quant à moi je ne partage pas sur ce point l'opinion générale. J'ai foi complete en ce digne homme ; je lis tous les matins son feuilleton, et tous les matins après cette lecture, je dis avec le grand Saint-Augustin, JE CROIS, PARCE QUE CELA EST ABSURDE. Vous voyez que je me souviens des pères de l'église. J'aime à voir avec quelles injures édifiantes, avec quelle sainte brutalité l'intrépide Geoffroi combat chaque jour la damnée philosophie du dix-huitième siècle. Sans doute il est payé, comme cela est juste, en raison de l'absurdité. Il doit posséder une grande fortune. S'il n'est pas millionnaire, il est volé.

Dites à François-Auguste de Chateaubriant, que dans mes fonctions sacerdotales, je ne cesse de le recommander au GRAND CÉLIBATAIRE. Dieu est le mot de cette énigme. Si elle eût été proposée à Thèbes, Œdipe au lieu d'épouser sa mère, aurait été mangé par le Sphinx. En général, la langue de Chateaubriant n'est qu'à lui ; et même, en dépit de Condillac, il a créé une nouvelle logique. Elle sera longtemps nouvelle. J'ai lu avec transport, ou pour mieux dire, dans une continuelle extase, sa brochure en cinq volumes seulement, sur les beautés poétiques du christianisme. Je prépare moi-même deux petits in-folio sur les beautés musicales de notre sainte religion. Cette idée m'est venue lorsque j'ai entendu le son tant regretté des cloches du pays. A propos de cloches, il existe deux partis dans Bergerac. Ne vous effrayez pas. Il s'agit d'une question fort innocente. La voici. Lequel fait le plus de bruit du gros bourdon de la cathédrale de Paris, ou du gros bourdon de la cathédrale de Rouen ? Les gageures sont nombreuses et considérables. Je suis forcé de vous avouer ingénument que j'ai parié pour George-d'Amboise. Comme ancien marguillier de Saint-Pierre-aux-Bœufs, dans la Cité, vous êtes attaché à Notre-Dame de Paris et à son gros bourdon. Je le sais, mon ami, mais je connais aussi votre esprit de justice, et je m'en rapporte entièrement à vous. Ne vous en fiez pas aux sonneurs des deux cathédrales. L'orgueil et l'ambition pourraient dicter leur avis : mais n'oubliez pas de consulter Camille-Jordan. Sa paroisse est à Lyon ; je le crois impartial, et plein d'érudition sur les cloches.

Remerciez cent fois, mille fois, madame de Genlis, du dernier ouvrage qu'elle vient de publier. Elle appelle cela *la morale chrétienne*. Si M. Jourdain vient à dire encore : qu'est-ce qu'elle chante cette morale ? Apprenez-lui qu'elle établit, d'une manière victorieuse, qu'il est bien plus agréable de séduire, tranchons le mot, d'avoir une dévote qu'une femme mondaine. J'ai choisi les plus beaux morceaux du chef-d'œuvre. J'en ai fait un sermon ; je l'ai prêché. Il a été accueilli par la joie publique. J'avais pris pour texte : *MARIA OPTIMAM PARTEM ELEGIT.* Marie a choisi la meilleure part. Evangile selon Saint-Luc, chapitre X, verset 42.

Modestie à part, l'effet du sermon ne peut se figurer. Tout Bergerac le sait par cœur. Les dévotes n'ont qu'à se bien tenir, leur vertu n'est pas en sûreté. Mais réjouissez-vous ; elles n'ont aucune crainte ; elles n'ont jamais été si gaies. Elles appellent les persécutions, comme faisaient nos saints martyrs sous l'infâme Julien, qui ne persécutait pas, qui fut le modèle des vertus humaines, mais qui par cela même est infâme, chrétiennement parlant. Vous n'ignorez pas, mon ami, combien ce malheureux empereur fut corrompu par la philosophie du dix-huitième siécle.

Si la vigne du Seigneur fructifiait partout comme à Bergerac, je n'en serais pas réduit à m'écrier :

> Les temps sont durs et la foi périclite.

Depuis mon fameux sermon, nos pécheresses deviennent dévotes ; nos jeunes impies se convertissent. Ils viennent tous me chercher à l'église ; ils viennent me dire, l'un après l'autre : Mon père, madame de Genlis a raison. Je n'entends que cela...... Ou vous savez. Vive la morale chrétienne !

Pardon, mon cher ami, si j'abuse de votre complaisance ; mais je vous prie instamment de m'envoyer un exemplaire de l'ouvrage posthume où feu M. l'abbé Beurrier, prêtre Eudiste, a si bien démontré les mystères par les miracles, les miracles par les mystères, l'existence d'une révélation par sa nécessité, et sa nécessité par son existence. On a toujours besoin de livres de cette force, et mes sermons s'en trouveront bien. Madame de Genlis me servira pour l'éloquence, l'abbé Geoffroi pour les injures, et l'abbé Beurrier pour le raisonnement. Abonnez-moi à la gazette ecclésiastique, sitôt qu'elle reparaitra. Tâchez aussi de me rendre quelque service. Vous connaissez mes petites affaires, et vous avez des amis. Je suis docile. J'ai fait tout ce qu'on a voulu ; je ferai tout ce que l'on voudra. J'ai été prêtre, j'ai cessé de l'être, je le suis redevenu ; je me suis marié, démarié ; j'ai juré, abjuré, rejuré. Faut-il blasphémer ? Qu'à cela ne tienne. Enfin, parlez pour moi. Je n'ai pas la conscience étroite. Je me sens capable d'être tour-à-tour ou à la fois, catholique romain, catholique grec, unitaire, trinitaire, athanasien, arien, pélagien, sémi-pélagien, albigeois, hussite, luthérien, calviniste, anglican, presbytérien, anabaptiste, gomariste, arminien, socinien, janséniste, moliniste, molinosiste, quiétiste, et même déiste. Ne vous gênez pas, allez encore plus loin. Je vous donne mes pleins pouvoirs, et, comme on dit, carte blanche, depuis la religion du grand inquisiteur Saint-Dominique, jusqu'à celle de Spinosa inclusivement. Il y a des gens qui se glorifient d'avoir ce qu'ils appellent du caractère. Je crois plus convenable et plus sûr d'avoir un bon caractère. C'est ce que je vous souhaite. Ainsi soit-il.

# LETTRE

## DE M. L'ABBÉ MAUDUIT,

## A M. L'ABBÉ GEOFFROI.

Bergerac, le 24 juin, l'an de grace 1802.

A QUOI pensez-vous, M. l'abbé? Je suis croyant tout comme vous, mais vous ne m'avez pas compris, et vous me faites sérieusement la guerre. Vous n'avez pas imité l'esprit et la grace du léger Villeterque, dans le journal de Paris. Cet ingénieux critique me trouve *bon homme ;* il m'accorde une simplicité *bien simple ;* il parle de certains personnages que je *vénère*, et prétend que ma *gaieté est morte née.* Je ne lui reprocherai pas d'être simple : autant vaudrait en accuser le marquis de Mascarille ; mais on peut dédaigner la simplicité, quand on est plaisant et quand on aime le beau français.

Pour vous, mon cher abbé, vous avez tort de prodiguer les accès d'une sainte colère, que le public ne partage pas. Il a pris la mauvaise habitude de rire à vos dépens, et soyez sûr que votre indignation le fera rire davantage. Vous scandalisez les faibles et vous prêtez le flanc aux nouvelles attaques des philosophes. Que parlez-vous de prodiges d'ivrognerie et de débauche ? pourquoi tant reprocher à Turpin le vin qu'il a bu ? passe encore si vous étiez sommelier du roi Hugon. Lisez la Bible. Le patriarche Noé planta la vigne et s'enivra. Le patriarche Loth s'enivra : vous en savez les suites. Le saint roi David s'enivra. Le sage Salomon s'enivra. Un jour de nôces Jesus-Christ changea l'eau en vin. L'éloge du vin se trouve sans cesse dans les saintes écritures : et vous-même, dans le feuilleton qui en est manifestement la suite, vous avez confessé jadis avec une douce ingénuité, que vous faisiez grand cas du bon vin. Pourquoi donc cette sévérité pour mon archevêque ? en seriez-vous jaloux ? le seriez-vous aussi d'Olivier, qui vous paraît un franc libertin ? Jacqueline et lui ne sont-ils pas mariés ? quel mal y a-t-il à se bien conduire la nuit de ses nôces, surtout quand il s'agit tout à la fois de la conversion d'une femme chérie et de celle d'un grand empire ? Par quelle malice, à quel propos rappeler les cinquante exploits d'Hercule ? Pourquoi tant rabaisser Olivier et faire sentir l'immense supériorité des miracles du paganisme sur les miracles de la religion chrétienne ? Seriez-vous païen ? je ne vous dis pas : seriez-vous philosophe ? l'insulte serait trop forte ; et d'ailleurs vous avez fait vos preuves.

Mais quel est donc cet étrange mal-entendu ? On publie un conte dévot ; vous prenez le change. Vous criez aux mauvaises mœurs, à l'impiété, à l'athéisme. Tous les journalistes chrétiens sonnent l'alarme. Assurément vous ignorez beaucoup de choses, vous et vos religieux confrères : mais, sans vous citer des profanes tels que Bocace, l'Arioste, Fortiguerra, La Fontaine, Voltaire, faut-il donc vous apprendre que la reine de Navarre, sœur de François premier, princesse très-pieuse, s'est permis des contes libres, où nous sommes un peu mal traités, nous autres gens d'église ? Faut-il vous apprendre que Le Pogge, secrétaire d'un pape, n'a épargné dans ses facéties licencieuses ni les prêtres, ni les moines, ni les prélats, ni mêmes les conciles. Prenez-vous le vieil auteur de Galien le restauré pour un philosophe du dix-huitième siécle ? Soupçonnez-vous d'athéisme le bourguignon La Monnoie ? S'il a rapporté gaiement dans le Ménagiana, les miracles des douze Pairs de France, n'a-t-il pas chanté sérieusement les grandes choses faites par le roi Louis XIV, en faveur de la religion catholique ? Son poème n'a-t-il pas remporté le prix de l'académie française ? Et pensez-vous que l'auteur d'un ouvrage aussi chrétien eût voulu dans un autre, suivant les expressions que vous empruntez de Boileau ;

> Faire Dieu le sujet d'un badinage affreux ?

Vous citez Boileau, mon cher abbé ! le croyez-vous un des nôtres ! pour dieu prenez-y garde. Il était l'ami, le plus chaud partisan, l'admirateur des hérétiques condamnés par le pape Innocent X. Il a chansonné notre père Escobar. Il a médit des choses saintes. Il s'est moqué des lutrins, des cloches, des crécelles, des chanoines, des chantres, des marguilliers et des porte-croix. Vous tonnez saintement contre un public indévot qui ose applaudir sans votre permission ce vers de la comédie des Précepteurs:

> Car il est sensuel comme un homme d'église.

Avez-vous oublié les vers suivans ?

> La discorde en entrant qui voit la nappe mise
> Admire un si bel ordre et reconnaît l'église.

Comment trouvez-vous ces deux ci ?

> Et sans distinction dans tout sein hérétique
> Avec joie enfoncer un poignard catholique.

En voici d'autres ; faites y attention :

> C'est alors qu'on apprit qu'avec un peu d'adresse
> Sans crime un prêtre peut vendre trois fois sa messe.

Ils sont moins bons, j'en conviens, mais ils sont encore plus dangereux : ils vont tout droit à faire tomber le commerce.

Au reste, Boileau sentait quels reproches on avait droit de lui faire. Pour vous en convaincre, lisez ce passage :

> J'entends déja d'ici tes docteurs frénétiques
> Hautement me compter au rang des hérétiques,
> M'appeler scélérat, traître, fourbe, imposteur,
> Froid plaisant, faux bouffon, vrai calomniateur.

C'est en effet ainsi qu'il était traité dans le saint journal de Trévoux. Le feuilleton n'a guères plus de politesse et d'éloquence. Mais que dites-vous de ce vers impie, de ce vers exécrable, et malheureusement devenu proverbe ?

ABYME TOUT PLUTÔT : C'EST L'ESPRIT DE L'ÉGLISE.

n'est-il pas une inspiration du diable? ne le croirait-on pas écrit par Voltaire lui-même, par ce Voltaire que vous avez renversé, et que vous renversez encore chaque jour, comme si ce n'était pas une affaire faite?

Vous citez Boileau ! vous avez tort. Je crains qu'il ne vous porte malheur. Et par exemple, vous croyez entrevoir qu'on se moque de vous dans une brochure où pourtant l'on vous rend justice. Quand vous appelez toutes les puissances au secours de votre vanité blessée, quand par une sainte délation, profitant de l'isolement de l'auteur et de toutes les circonstances environnantes, vous l'accusez à la fois d'athéisme et d'opposition aux principes du Gouvernement, croyez-vous que vos lecteurs même les plus bénévoles, ne se rappelleront pas sur le champ ces vers tant de fois cités, et que tout le monde sait par cœur ?

> Qui méprise Cotin, n'estime point son roi,
> Et n'a selon Cotin, ni dieu, ni foi, ni loi.

Vous citez Boileau ! mais vous êtes en guerre ouverte avec lui. D'abord vous faites mentir un des vers les plus célèbres de son art poétique : car vous n'avez pas un admirateur. Ensuite vous avez eu le courage méritoire et naïf de vous élever contre la comédie de *Tartuffe*. Vous avez défendu avec zèle les saints que Molière a joués. Or, Boileau fut l'intime ami de Molière. Boileau loua la comédie de *Tartuffe*, et tourna en ridicule ceux qui s'élevaient contre elle.

> L'un défenseur zélé des bigots mis en jeu,
> Pour prix de ses bons mots le condamnait au feu.

Des bigots ! cette expression vous paraît-elle orthodoxe ? Ah ! mon cher abbé, laissons l'autorité de Boileau. Contentons-nous de la vôtre. Persistons à louer exclusivement les ouvrages composés dans nos principes. Plaçons Adèle et

Théodore au dessus d'Emile. Si nous entendons une comédie bien tiède, un plat sermon dramatique contre le divorce, ou contre les prétendues mœurs du jour, ou contre la philosophie, ne manquons pas de l'opposer à Tartuffe. Plaignons sincèrement Louis XIV d'avoir laissé représenter Tartuffe. Le président De Harlai voyait bien mieux ; il ne voulait pas qu'on le jouât. Passe encore de laisser jouer Philaminte : celle de l'Hôtel Rambouillet n'était pas dévote. Mais Tartuffe ! hélas ! Le pieux monarque était encore bien jeune ; il n'en était qu'aux maîtresses. Vingt ans après, quand il en fut aux directeurs, comment le révérend père de la Chaise lui accorda-t-il l'absolution d'un si grand péché ? N'accusons pas le saint jésuite. Apparemment pour pénitence il lui ordonna les dragonnades.

Si vous êtes vainqueur de Tartuffe, il vous sera bien facile de venir à bout des pièces nouvelles où la philosophie voudrait encore faire entendre sa voix. Vous avez bien fait, par exemple, de gourmander le citoyen Andrieux, sur sa comédie d'Helvétius. Je partage votre avis et celui de mon correspondant. C'est vraiment une chose criante d'aimer, de faire aimer Helvétius, qui n'était que bienfaisant, et qui n'a jamais fait une ligne pour le journal Chrétien. Par malheur on prétend que cette comédie est bien écrite et fort ingénieuse. Mais pourquoi seriez-vous embarrassé ? faites-en une autre ; ce n'est pas le talent qui vous manque. N'osant par modestie la composer pour l'abbé Geoffroi, composez la pour Fréron ; que Voltaire y soit écrasé à n'en plus revenir, et pour mieux signaler votre triomphe, ne manquez pas de la faire jouer après l'Ecossaise.

On vous fait l'honneur de vous nommer avec madame de Genlis et Châteaubriant ; et vous vous plaignez d'être traité *comme le plus coupable.* C'est votre expression. Si vous aviez raison sur le fait, on aurait commis une grande injustice. Vous êtes sans contredt le plus innocent. Voulez-vous même que je vous parle avec pleine franchise? nous gâtons Châteaubriant par nos louanges. Il s'était beaucoup formé avec les sauvages qui sont fort dévots, dieu merci. Mais il est jeune ; et je crains qu'il ne se pervertisse. En effet, sauf quelques expressions étranges qu'il a entendues sur les bords du Meschacebé, il a de l'esprit, du talent, de l'imagination. Nous sommes bien plus sûrs de vous.

Vous dénoncez amèrement l'intolérance philosophique, le fanatisme des philosophes. Il faut que le reproche soit bien fondé : car assurément il n'est pas neuf. Dès le commencement du dix-septième siécle les saints juges de Galilée accusaient l'intolérance de ce philosophe qui, malgré l'ancien testament, voulait faire tourner la terre et condamner le soleil à l'éternelle immobilité, tandis que Josué, par miracle, l'avait fixé seulement durant quelques heures. Tous les pères de l'église qui ont écrit durant le dix-huitième siécle, et la nomenclature en serait immense, ont parlé avec indignation de l'intolérance philosophique. On ne lit, ou pour mieux dire on ne lisait autre chose dans leurs sermons, dans leurs mandemens, dans leurs réquisitoires, dans leurs journaux. Il est fâcheux que les écrits et les auteurs soient oubliés depuis longtemps. C'est en gémissant avec raison sur l'intolérance des philosophes, que l'on persécutait Bayle, que l'on forçait Voltaire à quitter deux fois la France, et à rester trente ans au pied des Alpes ; que l'on enfermait Fréret à la Bastille, Diderot à Vincennes ; que l'on brûlait les Lettres Philosophiques, le Dictionnaire Philosophique, l'Histoire Philosophique, le Livre de l'Esprit, l'Emile ; que l'on condamnait Helvétius à l'abjuration ; que l'on décrétait J. J. Rousseau de prise de corps. Pour surabondance de droit, en Espagne, en Portugal, en Italie, les inquisiteurs, même les plus doux, sont irrités du fanatisme des philosophes qui réclament la tolérance et ne savent pas tolérer le saint tribunal de l'inquisition.

Vous prétendez que vous ne dites pas d'injures aux auteurs que vous croyez juger, mais seulement à leurs ouvrages. Vous avez plus de zèle que vous ne pensez ; supposons toutefois qu'en ce point vous disiez la vérité sans conséquence ; prenez bien garde qu'un lecteur malin ne vous rétorque l'argument. Voilà, pourrait-il vous dire, une distinction savante et judicieuse ; mais n'ayez pas deux poids et deux mesures ; devenez bon logicien. Laissez faire à votre égard la même distinction ; et comme il faut être juste à la fois envers vous et envers vos ouvrages, permettez que chacun s'exprime ainsi : M. l'abbé Geoffroi est un homme fort raisonnable, qui n'écrit que des choses absurdes.

Mais quel ton dolent prenez-vous au milieu de votre colère ? on dirait à vous entendre que tout le monde vous persécute. Si vous entendez par-là que tout le monde se moque de vous, vous pourriez avoir raison. Je vous vois battu sur Mérope, sur Tancrède, sur Mahomet, sur Zaïre, sur l'histoire de l'empereur Adrien, sur la musique de l'Irato, battu en prose, en vers, en couplets, en musique. Est-il question d'un ennemi des talens, de la philosophie? c'est vous que le public désigne, tout comme si vous étiez le seul. On va jusqu'à déterrer vos ouvrages, ce qui n'est pas très-facile. On vous impute ce vers blasphémateur :

Le ministre SACRÉ NON D'UN DIEU, mais d'un homme.

Néanmoins, vous n'êtes pas persécuté ; vous êtes honni. Ce ne sont termes synonymes. Quel remède à cela, mon cher abbé? une entière résignation. Lisez *la Journée du Chrétien* : vous y trouverez, le fait est sûr, une prière pour demander à Dieu la patience. Cette pièce est éloquente et familière à vos lecteurs : c'est leur prière du matin.

# LES MIRACLES,

## OU

## LA GRACE DE DIEU,

### CONTE DÉVOT.

Les temps sont durs, et la foi périclite.
Saints, à vos rangs; un généreux effort :
Si quelqu'un rit, criez à l'esprit fort ;
Jadis Molière, en sa verve maudite,
Calomnia méchamment l'hypocrite :
Geoffroi convient que Molière eut grand tort.
Du feuilleton respectant les oracles,
J'ai résolu, pour affermir la foi,
De vous conter d'assez brillans miracles.
Ne sont inscrits aux livres de la loi,
Mais consacrés dans nos vieilles chroniques :
Prônez un peu mes rimes catholiques.
Puisse un récit, doux, simple, édifiant,
Dans ses loisirs charmer Châteaubriant !
Daigne surtout protéger cet ouvrage,

Sainte Genlis, Philaminte des Cieux :
Ma récompense est ton dévot suffrage ;
Mais il suffit que mes vers soient pieux :
N'y verse pas cet ennui salutaire
Qui, trop souvent, remplace en tes écrits
Plaisir mondain que prodiguait Voltaire ;
J'y tiens encor ; le plaisir a son prix.
Vous le savez, jeune élite des belles,
Vous dont les cœurs à l'amour attachés
Du paradis sont faiblement touchés ;
Qui croyez peu, de peur d'être cruelles.
Mal à propos ne vous effarouchés :
Cruelles, vous ! dévotes le sont-elles ?
Sans renoncer à vos jolis péchés,
A notre cause au moins restez fidelles.
Que vos amans soient comme les Hébreux,
Dignes d'entrer dans la terre promise :
Montez au Ciel en péchant pour l'Eglise ;
Faites des Saints en faisant des heureux.

 OR écoutez. Quand le preux Charlemagne,
Sous l'ascendant de ses fiers étendards
Eût fait ployer les Sarrazins d'Espagne,
Et les Saxons, et le Roi des Lombards,
Il fut suivi des douze Pairs de France
Qui sur ses pas voyageaient en maint lieu,

Pour exercer leur commune vaillance,
Et pour gagner des serviteurs à Dieu.
Ils arrivaient en Mésopotamie,
Dans les états gouvernés par Hugon,
Roi musulman, mais plein de prud'hommie,
Tel qu'il n'en fut depuis feu Salomon,
Ce fameux Juif, ce dévot personnage,
De mille objets amant très-peu volage,
Qui, de plaisirs entourant la raison,
Dans un sérail fit les écrits d'un sage.

Chaque héros presse son dextrier,
Dont chaque instant rend la marche plus lente :
Tout succombait sous la chaleur brûlante.
Errant à jeun depuis un jour entier,
Portant le poids des gémeaux en furie,
Les Paladins regrettaient leur patrie,
Et quelque peu maudissaient leur métier :
Quand tout-à-coup, d'une superbe ville
On voit les tours ; et, dans un champ fertile,
Quand le soleil, aux approches du soir,
Va colorant le nuage mobile,
Et de Thétis regagnant le boudoir ;
Hugon paraît. Ami de la nature,
Il cultivait de ses augustes mains
L'art fortuné qui nourrit les humains,
Ce premier art qu'on nomme Agriculture.

Si je voulais divaguer un moment,
Je pourrais là débiter gravement
Quelques lambeaux de morale admirable,
Texte sublime et glose incomparable.
Mais vous aurez moins de mal que de peur,
Mes chers amis; je laisse de bon cœur
L'ennuyeux texte et l'insipide glose
Aux grands faiseurs de poëmes en prose.

Tout du plus loin que les preux chevaliers
Du bon monarque eurent frappé la vue,
Hugon quitta sa royale charrue.
Les Musulmans sont gens hospitaliers :
Il s'avança, répondit aux harangues
Sans interprète ; il savait bien les langues :
Rois et guerriers furent très-satisfaits.
En devisant d'une façon civile,
On se trouva dans les murs de la ville ;
Et de la ville on parvint au palais.

En arrivant Hugon présente aux dames
Les douze Pairs et le grand Empereur ;
Nouveaux venus sont accueillis des femmes,
Et plus encor s'ils ont de la valeur.
De l'Empereur, comme vous pouvez croire,
On entendait vanter de tout côté
Les traits, le port, et cette majesté

Qu'embellissaient la puissance et la gloire.
Du bon Turpin le ventre de prélat,
Son teint fleuri, son regard de béat,
De mainte prude allumaient la tendresse :
Trente beautés vantaient avec ivresse
L'œil de Renaud, la stature d'Ogier,
Du fier Roland la force et la noblesse ;
Toutes vantaient les graces d'Olivier.
Ses yeux pourtant fixés sur une belle,
Dans le palais déja ne voyaient qu'elle :
Trésor d'amour, fille unique d'Hugon,
L'aimable objet Jacqueline avait nom :
Fleur de quinze ans brillait sur son visage :
Figurez-vous gorge faite à plaisir,
Deux grands yeux noirs mouillés par le desir,
Un pied furtif, un élégant corsage,
Maintien timide et gracieux souris :
De ses attraits la Syrie était fière,
Et Jacqueline eût été la première
Dans le troupeau des célestes houris.
De mille amans qui lui rendaient hommage
Aucun n'avait rendu son cœur épris :
Olivier seul la trouva moins sauvage.
Sans se parler, ils s'étaient entendus ;
Muets sermens, regards doux et perdus,
Tendres soupirs partis du fond de l'ame,

Du beau guerrier déclarèrent la flamme ;
De Jacqueline il reçut à son tour
Les doux regards, les soupirs et l'amour.

Mais on conduit le cortége héroïque
Dans une salle immense et magnifique,
Où le porphire, et l'or, et le tabis,
Festin, musique, et mille odeurs divines,
Parlaient en foule à tous les sens ravis.
Dans cette salle étaient rangés des lits
Qu'enrichissaient d'élégantes courtines.
Qui n'eût compté sur un sommeil divin ?
Ces lits brillans et de pourpre et d'ivoire
Le promettaient ; mais quand on a grand faim,
Avant dormir il faut manger et boire.
Tous les pays conquis par le turban
Ont du festin combiné l'industrie :
Poisson des mers, des fleuves de Syrie,
Oiseaux du Phase et gibier du Liban.
De l'Yemen la féve parfumée
Répand dans l'or sa vapeur embaumée,
Et sa liqueur, si chère aux Musulmans ;
Dans le cristal tombe à flots écumans
Autre liqueur, des sens plus souveraine ;
Fruit des raisins que, sous les lois d'Irène,
Ont vu mûrir et Corinthe et Samos ;

Smyrne, Bysance, et Chypre, et Ténédos,
Tous ces coteaux de la Grèce féconde,
Tous ces vallons renommés dans le monde
Pour les bons vins, les chantres, les héros.
Lorsqu'à la ronde on eut bu dix rasades,
Vinrent chansons, devis, contes joyeux,
Récits bouffons, galans, guerriers, pieux,
Peu de bons mots, mais force gasconnades.
Par saint Michel, dit le terrible Ogier,
J'ai le poignet d'une vigueur extrême;
En saisissant cet énorme pilier,
J'ébranlerais ce palais tout entier;
Je veux demain le dire au roi lui-même.
Moi, dit Roland, par les sons de mon cor
Je suis certain de renverser la ville.
Sur ce pari moi j'enchéris encor;
Le Roi, notre hôte, est d'humeur fort civile,
Dit l'Empereur; mais quant à ses héros,
Dès qu'ils voudront, je prétends, en champ clos,
D'un coup de lance en terrasser dix mille.
Pour moi, Messieurs, je fus sauteur habile,
Dit le vieux Nayme, au moins en mon printemps;
J'espère encor, qu'il ne vous en déplaise,
De haut en bas sauter tout à mon aise
Cinquante pieds, malgré mes soixante ans.
Moi, par Bacchus et la Vierge Marie,

Dit en buvant l'archevêque Turpin,
Si le Roi veut, de bon cœur je parie
Que, d'un seul coup, je boirai tout son vin.
Moi, par l'amour, dit Olivier, je gage,
Si du bon Roi la fille au gent corsage
Toute une nuit s'offrait à mon desir,
Que seize fois, sur le sein de ma belle,
Amant heureux, je mourrais de plaisir,
Que seize fois je renaîtrais pour elle.

Les Chevaliers, ivres de vin grégeois,
Contaient aux murs cent sottises pareilles ;
Mais quelquefois les murs ont des oreilles :
C'est vrai, surtout dans le palais des Rois.
Faute d'avis, on peut s'y laisser prendre.
Hugon jadis avait fait tout exprès
Creuser les flancs d'un pilier du palais ;
Et là s'était caché pour bien entendre
Un certain Grec, qui savait le français,
Grand écouteur des entretiens secrets.
Au Roi son maître il alla tout redire.
A ce récit, le bon Monarque eut peur :
Il se fâcha : la peur ne fait pas rire ;
Il ordonna, dans son accès d'humeur,
Que, sans tarder, sitôt que la nuit sombre
Aurait du jour éteint les derniers feux,

Ses Syriens, bien armés, en grand nombre,
Iraient saisir ces Français dangereux.
Mains des héros, vous étiez enchaînées,
Sans un transfuge, assez homme de bien,
Encor Français, s'il n'était plus Chrétien.
Ce renégat, dans ses jeunes années,
Avait suivi Roland, Comte d'Angers,
Faisant la guerre au sein des Pyrénées.
Adonc il va lui conter les dangers
Qui menaçaient cette élite aguerrie,
Fleur d'héroïsme et de chevalerie.

Bien avertis, les preux aventuriers
Prennent soudain leurs écus, leurs cimiers,
Leurs beaux cuissards, ces lances, ces épées
Que le sang maure a si souvent trempées.
Le bon Turpin, très-belliqueux prélat,
Prend son rosaire et sa masse bénite;
Touché par elle au milieu d'un combat,
Tout mécréant périt de mort subite.
Chacun des Pairs, montant son palefroi,
Suit l'Empereur; et du palais du Roi,
D'un seul fendant, Roland brise les portes.
Avec Hugon de nombreuses cohortes,
Précipitant le galop des coursiers,
Déja fondaient sur les treize guerriers.

Tels que des rocs, au milieu des tempêtes,
Unis, serrés, sans reculer d'un pas,
Les Paladins faisaient voler des têtes,
Chassaient loin d'eux et donnaient le trépas.
Oh! c'est alors que Roland l'invincible,
Laissant tomber sa durandal terrible,
Coupait en deux ceux qu'atteignait son bras.
Poussant leur glaive et de pointe et de taille,
Charles son oncle, et Renaud son cousin,
Mettaient à mal maint soldat sarrasin ;
Et, déployant sa gigantesque taille,
Tout près de là le formidable Ogier
Leur disputait l'honneur de la bataille.
A ses côtés, le charmant Olivier,
Moins vigoureux, mais vif et plein d'adresse,
Né pour l'amour, mais nourri dans les camps,
Aimant la gloire autant que sa maîtresse,
Des Syriens éclaircissait les rangs.
Turpin, levant son effrayante masse,
Les assommait avec dévotion ;
Et puis au ciel il demandait leur grace :
Nul n'expira sans absolution.

De tous les coins de la ville alarmée,
Malgré sa peur, le peuple curieux
Vient admirer, en ouvrant de grands yeux,

Treize guerriers combattant une armée.
Au haut des tours, on voit aussi briller
Maint doux objet, mainte beauté divine;
Car toute belle aime à voir férailler.
D'un œil en pleurs, la douce Jacqueline
Lorgnait, suivait, défendait Olivier
Bravant les coups de l'homicide acier.
Elle tremblait pour lui, pour elle-même;
Elle éprouvait ce langoureux émoi,
Mal-à-propos nommé je ne sais quoi :
Fille d'esprit sait très-bien quand elle aime.

HUGON lassé d'avoir tant combattu
Sans rien gagner, voulut avec prudence
Parler de paix : on peut sans conséquence
Bien raisonner quand on s'est bien battu.
Or ça, dit-il, guerriers pleins de vaillance,
J'ai, de tout temps, fait grand cas des Français;
Dans les combats ils ont quelque succès;
Mais fallait-il venir jusqu'à Solyme
Pour insulter un roi qui vous estime?
Lors il conta les paris singuliers
Que le plaisir et les vins de la Grèce
Avaient dictés aux vaillans chevaliers,
Durant le cours d'une héroïque ivresse.
Charles le grand, Roland le très-sensé,

A ce discours ne savaient que répondre ;
Mais du propos se croyant offensé,
Olivier dit : pensez-vous nous confondre ?
Vous auriez tort. Les chevaliers chrétiens
N'ont jamais su retirer leur parole :
Dans notre bouche aucun mot n'est frivole ;
Et, quant à moi, ce que j'ai dit, j'y tiens :
J'accomplirai ma promesse sacrée,
Puisque ma bouche et mon cœur l'ont jurée.
Disant cela, Jacqueline il voyait,
Et lui lançait un regard vif et tendre :
Du haut des tours Jacqueline l'oyait ;
Amans, de loin, se font très-bien entendre.

Hugon reprit : voilà parler au mieux.
Chevaliers francs, restez en ma demeure ;
Vous, Olivier, dès que la dixième heure
D'un noir manteau rembrunira les cieux,
Avec Turpin chez moi venez sans faute ;
Auprès de moi ma fille trouverez :
Je vous la donne, et son époux serez ;
Mais, avant tout, il vous faut, à voix haute,
Jurer tous deux sur vos livres sacrés
Que vérité tous deux dévoilerez :
Et cette nuit fera, quoi qu'il advienne,
Vous Musulman, ou ma fille chrétienne.

C'est à ce prix que je veux vous unir.
Vous tous Français, dont j'admire l'audace,
A midi juste, ayez soin de venir;
Le rendez-vous est ici, dans la place.
De Mahomet vous subirez la loi,
S'il vous advient quelques mésaventures;
Mais Jacqueline, et tout mon peuple, et moi,
De Jésus-Christ nous adoptons la foi,
Si vous gagnez vos modestes gageures.

Bon, s'écria Turpin le chroniqueur,
C'est marché fait, j'accepte de grand cœur;
Je crois, j'espère; et Dieu fera le reste.
Mais permettez que j'embrasse Olivier;
Car son discours vient de m'édifier;
Dieu l'a rempli de sa grace céleste.
La Jacqueline est en très-bonnes mains:
Moi, je saurai faire honneur à vos vins;
Je boirai tout, j'en jure, j'en atteste
Et mon ampoule et mes vignes de Rheims.

Les beaux diseurs donnent la confiance.
Charles céda; chacun des pairs de France
Au saint traité souscrivit à l'instant,
Et tout chacun se retira content.
Hugon riait dans sa barbe touffue,

Et répétait tout bas : ces braves gens
Seront demain de fort bons musulmans.
Turpin disait : c'est affaire conclue ;
Dieu rognera les griffes du démon ;
Mes chers amis, vous voyez bien Hugon :
Il va demain demander le baptême ;
Il entendra ma messe et mon sermon,
Et je prétends le confesser moi-même.

Avec Turpin, sitôt que vint le soir,
Quelques instans avant l'heure chérie,
Notre Olivier se rend à son devoir :
Cette beauté qu'adore la Syrie
Tremble et rougit du plaisir de le voir.
Avec candeur Jacqueline à son père
Sur l'alcoran jure d'être sincère,
De conter tout le lendemain matin.
Quand elle eut dit, l'archevêque Turpin,
Qui ne marchait jamais sans son bréviaire,
De sa pochette avec solennité
Tire un livret lu, relu, médité,
Qui contenait, au lieu des litanies,
De beaux détails sur les vins généreux,
Sur les raisins, les muscats savoureux
Que produisaient ses quatorze abbayes.
Or ça, dit-il, baise les livres saints ;

Baise, mon fils, jure sur l'évangile
Que tu seras sincère autant qu'habile.
Sire, bon soir : demain gare à vos vins ;
Car sainte église abhorre le parjure.
Avec respect Olivier baise et jure.
Turpin sortit, n'ayant que faire là.
Après Turpin le père s'en alla.
Olivier seul resta près de sa belle ;
Tout à loisir il put s'enivrer d'elle,
Baiser cent fois ce minois si joli,
Cet œil si beau par l'amour embelli,
Ce teint, ces traits sans fard et sans grimaces,
Ce sein charmant, ce corps ferme et poli
Qu'eût envié la plus jeune des graces.

Pour l'empêcher d'arriver à son but
En beau chat blanc, le malin Belzébut
S'était bloti sur la couche douillette,
Et riait fort aux dépens d'Olivier ;
Car il comptait lui nouer l'aiguillette :
Mais rira bien qui rira le dernier.
Par un usage et saint et méritoire,
Pour pénitence, alors qu'il se couchait,
Entre ses dents Olivier dépêchait
Une oraison courte et jaculatoire.
De foi, d'espoir et d'amour transporté,

En caressant la gentille beauté,
D'un ton pieux, il dit : Ave Marie.
A ce saint nom, des diables redouté,
Le Belzébut, miaule avec furie,
Et dans l'enfers s'enfuit épouvanté.

Or maintenant, vous croyez bien, mesdames,
Que mes tableaux vont échauffer vos ames;
Que je peindrai ce mutuel transport,
Ces plaisirs vifs, cette ivresse touchante
D'un couple heureux que son amour enchante.
Vous le croyez ? Eh bien, vous avez tort :
Nos deux amans ont besoin de mystère ;
Sous les rideaux amour les met d'accord :
Allons nous-en ; faisons comme le père.
Vous insistez ! vous desirez savoir
Si vous devez conserver quelqu'espoir !
C'est bien le moins que beauté s'intéresse
Aux grands exploits, à la pure tendresse
D'un chevalier plein d'amour et d'honneur;
Un accident peut trahir sa valeur.
De son pari je connais l'imprudence :
Mais comptez-vous pour rien la providence ?

Dieu qui créa les mondes et les cieux,
Et dont la nuit ne ferme point les yeux,

CONTE DÉVOT.

Veille au sommet de la sphère divine :
Veille Olivier, comme aussi Jacqueline ;
Veillent encor les chevaliers français :
Au milieu d'eux le seul Turpin sommeille,
Plein d'espérance et du vin de la veille,
Et plus qu'eux tous convaincu du succès.
Ouvrant les yeux quand l'aube va paraître,
Il voit soudain entrer par la fenêtre,
Non ces démons délicieux, charmans,
Dignes héros des modernes romans,
Ces farfadets aux formes ravissantes,
Ces spectres blancs et ces nones sanglantes ;
Mais saint Remi, bien crossé, bien mitré,
Ayant le chef de rayons décoré.
Enfans, dit-il, n'ayez frayeur aucune,
Vous connaissez mon nom et ma fortune ;
De mon vivant, j'étais comme Turpin,
Grand archevêque, et grand ami du vin.
Si j'abhorrais la Champagne pouilleuse,
Par moi de Rheims les coteaux sont bénis :
Fort à propos, pour huiler saint Clovis,
Dieu m'envoya l'ampoule merveilleuse.
Je viens d'en haut, au nom de monseigneur :
De votre affaire il a ri de bon cœur ;
Il est bonhomme, et de plus il vous aime ;
Mais n'osant pas s'en fier à lui-même,

Craignant l'abus sur un sujet pareil,
Il a voulu rassembler son conseil.
Comme ici bas, chez nous on vous estime ;
On a trouvé maint pari peu discret ;
Malgré cela, l'avis est unanime ;
On a senti quel scandale adviendrait
Si des démons Hugon restait l'esclave,
Et si son vin demeurait dans sa cave.
Miracle il faut, miracle se fera ;
D'un saint mitré croyez-en les oracles ;
Selon vos vœux tout se terminera :
Notre Olivier fait déja des miracles :
Il a chez nous un très-puissant appui ;
Car Notre-Dame intercède pour lui.
Voilà que c'est, quand on fait œuvre pie,
D'être dévot à la Vierge Marie !
Il est marqué du cachet des élus :
De Belzébut bravant les tours magiques,
Olivier pousse en faveur de Jésus
Seize argumens forts et théologiques.
Vous direz tous un pater au bon Dieu ;
A tous les saints vous offrirez des cierges ;
N'oubliez pas les onze mille vierges :
Tout vrai croyant doit les fêter. Adieu.

Il dit, s'envole et les laisse en prière.

L'astre éclatant qui mesure les jours
Avait atteint le milieu de son cours,
En dispensant et chaleur et lumière ;
On vit soudain descendre du palais
Hugon, sa cour, les chevaliers français.
Un peuple immense, avide de spectacles,
Se trouvait-là dans l'espoir insolent
De bien berner les faiseurs de miracles ;
Berner les saints est toujours consolant.
Hugon s'avance. Approchez-vous, bonhomme ;
C'est sur ce ton qu'à Nayme il s'adressa :
Pour grand sauteur partout on vous renomme.
Qu'en dites-vous ? Hier on m'annonça
Que par serment, que par gageure expresse,
Cinquante pieds, malgré votre vieillesse,
De haut en bas, vous prétendiez sauter.
A cette tour vous plaît-il de monter ?
On aime ici les voltigeurs ingambes.
Cinquante pieds font juste sa hauteur :
En descendant, prenez garde à vos jambes.
A ce discours, le confiant sauteur
Monte à la tour, et franchissant l'espace,
Sans accident se retrouve en la place
Auprès d'Hugon, lequel dit : C'est beaucoup ;
J'étais fort loin de vous croire aussi leste ;
Vous sautez bien : passons à ce qui reste.

Turpin boira tout mon vin d'un seul coup ;
Voyons. Il dit : dans une immense tonne,
Les sommeliers versent cent muids de vin ;
Chacun murmure et longuement s'étonne ;
Déja tout bas chacun siffle Turpin.
Le chroniqueur, certain de la victoire,
D'un air béat, son rosaire à la main,
Boit d'un seul trait et dit : Versez à boire.
Quand tout le peuple applaudissait encor,
Roland saisit le redoutable cor ;
Hugon s'élance ; il crie : Eh ! laissez vîte,
Laissez ce cor ; de tout je vous tiens quitte,
Brave Roland ; mais ce jeune vaurien,
Ce beau Français qui ne doutait de rien,
A-t-il chanté seize fois son antienne?
Où donc est-il? Alors doublant le pas,
Olivier prend sa femme entre ses bras,
L'élève en l'air, et dit : elle est chrétienne.
Quoi ! tout-à-fait, lui répartit Hugon ;
Mon cher monsieur, n'êtes-vous pas gascon ?
Ce pari-là peut se perdre sans honte.
Répondez-moi, ma fille ; voulez-vous
Que l'on s'en fie à monsieur votre époux?
Ne s'est-il pas glissé quelque mécompte?

La Jaqueline avec simplicité,

Les yeux baissés, répondit : Je vous jure
Qu'à tous les deux vous nous faites injure ;
Mon cher mari ne dit que vérité ;
Je suis garant qu'il a très-bien compté.
Hugon la crut. Fille honnête et sincère,
En cas pareil ne peut tromper son père.
Dans l'aventure il vit le doigt de Dieu ;
Tant ce monarque était un grand génie !
Oh ! oh ! dit-il, Jacqueline, ma mie,
Je suis chrétien ; ceci n'est pas un jeu ;
Ce ne sont-là visions, ni prestiges ;
Croyons au Dieu qui fait de tels prodiges.
Le jour d'après, l'archevêque Turpin,
Encore à jeun, c'était de grand matin,
Dévotement célébra la grand'messe
Dans un vieux temple en église érigé,
Et d'eau bénite amplement aspergé.
Le Roi, sa cour, le peuple, la noblesse,
Tout s'y trouva ; tout y fut baptisé.
Le bon Turpin débita dans la chaire
Un beau sermon en trois points divisé,
Payé par lui, fait par son grand vicaire.
Il commençait, et chacun sommeilla ;
Quand il finit, chacun se réveilla.
Lors Olivier, sa douce Jacqueline
Furent unis avec dévotion,

Turpin leur fit une exhortation
Sur les effets de la grace divine
Qui, des chrétiens fidelles et fervens,
Quand on l'appelle est toujours entendue,
Mais qui toujours est sourde aux mécréans.
Si bien parla que Jacqueline émue
Dit à voix basse : Olivier, mon seul bien,
Fais ton salut ; sois toujours bon chrétien.
Les chevaliers convertirent les belles ;
La foi toucha ces cœurs longtemps rebelles :
Et, pour finir dignement ce beau jour,
D'un grand festin l'élégante abondance
Couronna tout ; on but, on fit l'amour :
C'est à peu près comme on finit en France.

F I N.

# LE MAITRE ITALIEN,

## NOUVELLE.

Aux environs des mers de Germanie,
Tout près de l'Elbe, et non loin de Hambourg,
Se trouve un lieu qu'on nomme Lunébourg,
Cité fameuse, et berceau du génie.
C'était le temps où nos preux chevaliers
Couraient, cherchant des murs hospitaliers,
Loin de la France et loin de leur famille,
Depuis le jour à jamais détesté
Qui détruisit la saine liberté,
En renversant les murs de la Bastille.
Comme il faut vivre, aucuns étaient lecteurs,
Instituteurs, auteurs, prédicateurs ;
Aucuns montraient le chant à quelque belle,
Aucuns la danse, aucuns Polichinelle.

 M'est-il permis, entre tant de héros,
D'en choisir un, dont je dirai deux mots?
Nérac était le lieu de sa naissance ;
Il avait nom le vicomte de Crac,
Homme à son gré de très-haute importance,
Cousin-germain des barons d'Albicrac :
Sot, paresseux, ignorant comme un moine,

Ne sachant rien que le patois gascon,
Ne possédant de trésor que son nom;
Mais l'impudence était son patrimoine.
Dans l'Allemagne, il apprit en chemin,
Grace au besoin, ce grand maître de langue,
Quelques lambeaux du langage germain.
Lui-même un jour se fit telle harangue
En son patois : « Eh donc ! que deviens-tu ?
Sujet loyal, banni par ta vertu,
Mourant de faim, tu vis dans l'espérance !
Ne dois-tu pas un Dunois à la France ?
Il faut songer à conserver Dunois.
Si tu voulais enseigner ton patois ?
L'enseigner, bon : la grande peine à prendre
Est de trouver gens qui veuillent l'apprendre.
Pour en sentir les charmantes douceurs,
Ces Allemands sont trop peu connaisseurs.
Mais l'Italie en ces lieux intéresse ;
Car les Français, enragés roturiers,
Dans ce pays font la guerre en couriers,
Et des Germains vont battant la noblesse.
De l'Italie on parle tout le jour :
C'est Mondovi, c'est Dégo, c'est Plaisance,
Lodi, Turin, Gênes, Milan, Florence,
Rome !... et Nérac n'a jamais eu son tour.
Tous ces barons, dans la ville ébahie,

Voudraient savoir la langue d'Italie.
De ce jargon tu n'entends pas un mot ;
Mais eux non plus, et tu n'es pas un sot.
On va cherchant la langue originelle,
La langue mère, unique, universelle ;
Plusieurs savants sont pour le bas-breton :
Non, cadédis ; c'est le patois gascon.
Puisqu'il le faut, qu'il déroge, et devienne
Pour un moment la langue italienne.
En te berçant, ta nourrice t'apprit
Le gascon pur : eh donc ! l'affaire est bonne ;
Tu fonderas une cité gasconne.
Que c'est pourtant d'avoir un grand esprit !

Dès le soir même, affiches dans la ville.
*A LA NOBLESSE. Un seigneur milanais,*
*Forcé de fuir les jacobins français,*
*Et dans ces murs fixant son domicile,*
*Veut enseigner langage qu'il sait bien :*
*Il a pour ce méthodes singulières ;*
*En quatre mois, écoliers, écolières,*
*Autant que lui sauront l'italien.*

Notre héros tourne toutes les têtes ;
On se l'arrache aux soupers, dans les fêtes ;
C'est une vogue, un bruit, un engoûment,

Une folie, une fureur si grande,
Qu'au bout d'un an cette ville allemande
Plus ne savait un seul mot d'allemand.
Chacun de rire aux folles incartades
Que prodiguait le comique héros :
Lui-même aussi publiait ses boutades,
Lettres, billets, chansons, menus propos,
Discours pieux, virulens, emphatiques,
Assaisonnés d'injures scolastiques ;
Partout l'injure est style de dévots.
Plus, écrivit certain cours de lycée ;
Douze in-quarto resserraient sa pensée :
Grands écrivains sont avares de mots.
Il régentait la bonne compagnie
En toute chose ; il enseignait surtout
L'art d'acquérir esprit, talent et goût,
Et des secrets pour avoir du génie.
Voire on prétend qu'aimant fort les secrets ;
Mainte beauté qui n'en fit rien connaître,
Prenait encor d'autres leçons du maître :
Tant le mérite a de puissants attraits !

    Quand de la sorte on fêtait le grand-homme
Près de ces lieux certain banquier de Rome
Vint à descendre ; il quittait ses foyers,
Craignant de Paul la royale folie.

Couvert du sang des Sarmates altiers
Le Moscovite aux vallons d'Italie
Portait le fer, la flamme, le trépas.
Son général, monsieur saint Nicolas,
S'était adjoint Suworow, grand apôtre,
Tueur de gens, et saint tout comme un autre,
Lequel, suivi de ses nombreux guerriers,
Vainquit d'abord nos débris héroïques;
Mais qui depuis, dans les champs helvétiques,
Par Masséna vit flétrir ses lauriers.
Or, noterez que dans ces temps critiques,
Où le pouvoir luttait contre les droits,
Si des sujets fuyaient les Républiques,
Des citoyens émigraient loin des rois.
Le voyageur détestait ces pontifes
Tyrans cagots, plus rois que les Césars;
Il méprisait leurs dogmes apocriphes;
Lettré d'ailleurs, et grand ami des arts,
Fier ennemi du pouvoir arbitraire,
Toujours fidelle et cher à son parti,
Estimé, craint dans le parti contraire :
On l'appelait signor Aliberti.

Pour lui, bon Dieu, quelle route importune!
Hambourg l'appelle, à son regret cuisant;
Triste climat, séjour peu séduisant,

Mais le dépôt de toute sa fortune.
Il cheminait, le cœur sombre et dolent,
L'esprit rêveur, et souvent l'œil humide;
Lisant, chantant ou les plaintes d'Armide,
Où les fureurs du paladin Roland :
De son pays regrettant les merveilles ;
Les lourds châteaux des lourds barons germains.
Ne brillaient pas devant ses yeux romains,
Et l'allemand charmait peu ses oreilles.
Dans un village en passant arrêté,
Le voyageur allait dîner : son hôte,
Joignant babil à curiosité,
Par le valet avait appris, sans faute
D'Aliberti le nom, l'état, le bien
Et le pays. « Monsieur, soyez tranquille,
« Dit le Germain, nous avons une ville
« Qui ne sait plus parler qu'italien.
« — De ces côtés ? Sur la route, à sept mille.
« C'est Lunébourg. — Partons vîte ; un courier.
« — Dînez d'abord. — Non, mais je vais payer.
« — Soit. un courier ! des chevaux ! ma voiture !
« Je n'ai plus faim : j'attendrai jusqu'au soir. »
Pendant la route, il semblait que l'espoir
Eût à ses yeux embelli la nature :
Au point qu'il fit l'éloge d'un côteau ;
Fermant les yeux lorsque par aventure

Il se trouvait près de quelque château.

Rome, Florence, et Venise, et Ferrare,
S'écriait-il, la gloire en est à vous ;
Les astres purs qui brillèrent pour nous,
Ont enfin lui sur ce climat barbare.
Gloire immortelle à nos chantres heureux !
Alighiéri, leur père et leur modèle ;
Amant de Laure, et chantre digne d'elle,
Vraiment poète et vraiment amoureux ;
Grand Torquato, l'émule de Virgile ;
Lodovico, plus riche, plus habile,
Plus grand peut-être, et dont l'art enchanteur
Sait réunir la grace et la vigueur,
La raison saine et l'aimable délire ;
Rivaux d'Horace, et maîtres de la lyre,
Chiabréra, Filicaia, Testi ;
Noble Guidi, dont les strophes divines
Depuis cent ans charment nos sept collines ;
Fier Varano, brillant Algarotti ;
Et toi, l'honneur de nos tendres musettes,
Charmant Rolli, qui de tes chansonnettes
Fis retentir les échos de Windsor ;
Et vous, qu'aima la muse au sceptre d'or,
Touchant Maffei, élégant Métastase ;
Sur les hauteurs des deux sommets sacrés,

Buvez l'encens, partagez mon extase,
Unis aux Dieux qui vous ont inspirés.
Au bout du monde on peut encor entendre
Votre langage harmonieux et tendre !
J'avais besoin d'un plaisir aussi grand ;
Je suis à jeûn, bien las et bien souffrant.
Ne plus vous voir, ô chef-d'œuvres antiques !
Ne rencontrer que des cités gothiques !
Que Botzembourg ! Lunébourg ! Rotembourg !
Et tout cela pour aller à Hambourg !
Mais Lunébourg mérite au moins sa grace :
C'est un nom sec ; il n'est point dans le Tasse ;
Le conserver serait un grand défaut :
Lunopoli c'est le nom qu'il lui faut.

Il arrivait, comme à la promenade,
Tous les oisifs couraient se réunir ;
Gens du beau monde ont vu de loin venir
Le postillon, chargé d'une ambassade.
On cherche, on trouve assez mal-aisément
Vieux érudit qui savait l'allemand.
Plein du renom d'une cité polie,
Dit l'interprète, et brûlant de la voir,
Un habitant de la belle Italie,
Arrive exprès pour remplir un devoir.
Chacun s'écrie : Italien ! qu'il vienne.

Vive, sandis, la langue italienne !
Le cher vicomte, en un si mauvais pas,
Ecoute, approuve et ne se trouble pas ;
Il est sans peur, s'il n'est pas sans reproche.
Aliberti modestement s'approche,
Fait compliment au bon peuple Germain ;
C'était partout des voyelles sonnantes,
Des mots choisis, des phrases élégantes,
Du pur Toscan que parlait un romain.
Des auditeurs l'étonnement extrême,
Quant il eut dit, l'étonnait fort lui-même.
Sans lui répondre, ils examinaient tous
Ses grands yeux noirs, sa noire chevelure,
Son nez romain, sa taille, son allure ;
Puis se disaient : Qu'est-ce ; l'entendez-vous ?
Quel monotone et singulier langage !
Italien ? Comment ! cet homme-ci !
On s'est trompé. Que vient-il faire ici ?
Son idiome est celui d'un sauvage.
Bientôt le bruit, d'abord faible et confus,
Gagne, s'étend, s'accroît de plus en plus.
Le maître parle, et soudain grand silence.
Cet étranger n'a pas le regard bon ;
Vous le prenez pour un sauvage ? Non ;
Non : c'est plutôt un jacobin, je pense ;
Il est venu par la route de France,

Et je crois bien qu'il a parlé gascon.
— Gascon! la foudre, en perçant les nuées,
La foudre même eût fait moins de fracas.
Figurez-vous les cris, les brouhahas,
Les quolibets, les ris à grands éclats;
Sifflets aigus, effrayantes huées:
On se croyait aux pièces de Nisas.
Gascon; sandis! gascon! le misérable!
Fuis, jacobin, carmagnole exécrable;
Eh! cadédis; nous crois-tu des gascons?
Vieillards, enfants, baronnets et barons,
Tout s'en mêlait, voire aussi les baronnes.
Au long assaut des injures gasconnes
Avec pitié le romain répliqua :
*Oh! che bruti! che razza tedesca!*

Vite arrivé, parti plus vite encore,
Aliberti plaignait ces pauvres gens;
Il s'écriait, quels pays indigens!
Ils ont des fous et n'ont pas d'ellébore.
A Lunébourg le vicomte enchanté
Reste vainqueur et toujours plus fêté :
Mais en Gascogne il avait lu l'histoire.
Que de héros, flattés par la victoire,
Furent vaincus dans un dernier combat!
Quand ma planète est dans tout son éclat,

Craignons, dit-il, une éclipse importune :
Il ne faut point fatiguer sa fortune.
D'un sort plus beau mes yeux sont éblouis ;
D'être Dunois j'ai la noble espérance ;
On a r'ouvert les portes de la France ;
Dunois peut donc rentrer dans son pays.

Il va partir, et la ville est troublée.
Nombreux concours. Le héros en grand deuil,
Se présentant à l'auguste assemblée,
L'œil attristé, mais plein d'un noble orgueil,
Dit, sur le ton d'une oraison funèbre :
Ecoutez-moi, mes hôtes, mes patrons,
Mes bienfaiteurs, baronnes et barons,
Dignes soutiens d'une cité célèbre.
J'aurais dû vivre et mourir parmi vous ;
Je le voulais ; mais le destin jaloux
Veut le contraire, et ce destin l'emporte.
Longtemps banni, nouveau Coriolan,
Je dois me rendre aux desirs de Milan.
On a besoin d'une tête un peu forte,
D'un homme grave, et point aventurier :
Monsieur Melzi me dépêche un courier.
C'est en pleurant que je vous abandonne :
De mon pays vous connaissez les torts ;
Il fut ingrat ; mais il a des remords :

Coriolan pardonna ; je pardonne.

Un cri s'élève. Eternelles douleurs !
Voyez les yeux des baronnes en pleurs :
Pour vous, cruel, ces yeux n'ont plus de charmes !
Vous nous quittez !—Ah ! cachez-moi vos larmes.
Il faut remplir un austère devoir.
Vous n'avez plus besoin de mon savoir :
Même à Florence il n'est point d'homme habile
Qui se flattât de montrer dans la ville
L'Italien, tel qu'on le parle ici.
Vous l'enseigner serait vous faire injure :
Vous savez tous ma langue, Dieu merci,
Comme moi-même ; et du moins, je le jure,
L'Italien jamais vous n'oublîrez.
A son serment tous les sermens s'unissent.
On en fait trop ; ceux-là seront sacrés.
A son grand cœur tous les cœurs applaudissent.
Avec respect la foule suit ses pas ;
On l'accompagne aux portes, sur la route ;
Il rit, on pleure ; il se tait, l'on écoute.
Un dernier mot s'échappe..... Adiousias.
Il dit, s'éloigne, et regarde, et soupire ;
Et ce héros, rêvant d'autres succès,
En attendant qu'il redonne un empire,
Vient à Paris enseigner le français.

Mais loin de lui, sa gloire n'est absente
A Lunébourg, ville reconnaissante ;
Des beaux-esprits il y fait l'entretien ;
D'une statue il y reçoit l'hommage ;
Et dans la place, aux pieds de cette image,
On lit trois mots : AU MAÎTRE ITALIEN.
Là, chaque soir une cité ravie
Vient admirer le vicomte de Crac,
Et parle encore, en dépit de l'envie,
L'italien....... que l'on parle à Nérac.

# NOTES.

> Depuis le jour à jamais détesté
> Qui détruisit la saine liberté,
> En renversant les murs de la Bastille.

Il ne s'agit point ici, comme on voit, des hommes qui, après avoir rendu de véritables services à la liberté dans l'assemblée constituante ou ailleurs, ont quitté la France aux époques les plus orageuses de la révolution. Mon héros est irréprochable; il est parti le quatorze juillet, si ce n'est la veille.

> Mais qui depuis, dans les Champs helvétiques,
> Par Masséna vit flétrir ses lauriers.

L'Europe connaît l'admirable campagne d'Helvétie, le plus beau titre de gloire du général Masséna; tout le monde sait qu'elle rétablit, à la fin de l'an six, les affaires et la splendeur de la république française.

> Les astres purs qui brillèrent pour nous,
> Ont enfin lui sur ce climat barbare.
> Gloire immortelle, à nos chantres heureux.

Ce passage a besoin de quelques éclaircissements. Le voyageur parle avec enthousiasme de sa patrie, selon la coutume des Italiens, et surtout des Romains. Cet enthousiasme est assurément bien fondé; aucun peuple en Europe n'a le droit d'oublier sans ingratitude que l'Italie lui enseigna les sciences, la littérature et les arts; que même avant la découverte de l'imprimerie et la chûte de l'empire d'Orient, véritable époque de la renaissance des lettres, les Italiens, durant deux siècles, parlaient une langue harmonieuse et déja honorée par des chef d'œuvres, quand toutes les autres nations modernes ne connaissaient que des jargons barbares.

C'est l'Italie qui a donné à l'histoire un Guichardin; à la politique, un Machiavel; aux sciences, Christophe Colomb, Galilée, Toricelli, Viviani, Cassini, Guglielmini, Maraldi, Rédi, Malpigi, Morgagni, Spalanzani, Fontana, Volta; aux arts du dessin, Michel-Ange, Raphaël, Bramante, Jules Romain, Corrége, Titien, Palladio, Paul Véronese, les trois Carache, Guerchin, le Guide, le Dominiquin, Canova; à l'art musical, David Riccio, Corelli, Lulli, Palestrina, Pergolese, Leo, Vinci, Duranté, Galuppi, Téradéglias, Jomelli, Maio, Piccini, Traetta, Sacchini, Sarti, Paesiello, Cimarosa.

La poésie italienne n'a pas eu moins d'éclat. Dante Alighieri la fonda dès la fin du treizième siècle, ainsi que la langue toscane. Pétrarque, amant et chantre de Laure, se rendit célèbre apres lui, surtout par de nombreux sonnets, entre lesquels on en trouve d'admirables. Torquato Tasso et Ludovico Ariosto sont trop fameux pour qu'il faille rien ajouter dans cette note aux éloges très-légitimes que mon Romain leur prodigue. Les poètes lyriques italiens sont presque ignorés en France. Ils sont dignes toutefois de la haute réputation dont ils jouissent dans leur patrie. Les belles odes de Chiabrera et de Testi ne le cèdent en rien aux plus belles de Malherbe et de J.-B

Rousseau. Filicaia mérite les mêmes louanges. L'ode qu'il a composée sur la délivrance de Vienne par Sobieski, est aussi remarquable que son beau sonnet sur l'Italie. Celle de Guidi, ayant pour titre *la Fortune*, le place au niveau de ces grands poètes. Varano n'a pas déployé moins d'enthousiasme en imitant quelques morceaux des livres juifs, livres qui ne sont point sacrés, même dans le sens des cantiques de Pompignan, mais qui sont des monuments immortels d'une poésie sublime. Des expressions ingénieuses et brillantes distinguent les vers et la prose d'Algarotti. Rolli, qui séjourna long-temps à Londres, est estimé pour ses élégies, pour ses endécasyllabes, et surtout pour ses chansonnettes, genre aimable et poétique, qui n'est pas la chanson française, et dans lequel il s'est montré supérieur à Métastase lui-même. Scipion Maffei, auteur de la simple et touchante Mérope, fut, au milieu du dix-huitième siècle, le restaurateur de la tragédie antique en Italie. Métastase triompha d'une partie des entraves que lui imposait la musique. Artaxerce et la Clémence de Titus, au défaut près des amours épisodiques, sont de véritables et d'excellentes tragédies. L'Olimpiade, Didon, Thémistocle, Nitétis, Régulus, Achille à Scyros, offrent des scènes d'une grande beauté. A ces poètes illustres on pourrait ajouter quelques autres ; Alamanni, par exemple, le premier qui, chez les modernes, ait dignement chanté l'agriculture, et que l'on trouve oublié mal-à-propos dans la préface de l'*Homme des Champs* ; Marchetti et Caro, estimables traducteurs de Lucrèce et de Virgile ; Tassoni, versificateur un peu monotone, mais correct et sage, et que notre judicieux Despréaux a honoré de quelques louanges ; Fortiguerra, qui, avec moins de sagesse que Tassoni, a plus de chaleur et d'imagination ; Zéno, souvent tragique, et précurseur de Métastase ; Frugoni, remarquable par sa fécondité et par l'élégante pureté de sa diction ; Parini enfin que l'Italie vient de perdre, et qui a produit un joli poème sur les trois parties du jour.

Plusieurs soutiennent encore aujourd'hui la gloire de cette riche littérature poétique. On distingue dans ce nombre Cesarotti, dès longtemps célèbre par ses belles traductions d'Homère, d'Ossian, et de deux chef-d'œuvres tragiques de Voltaire, Mahomet et la Mort de César ; Monti, dont les poèmes, les odes et les tragédies, offrent partout un excellent style ; Casti, avantageusement connu par des nouvelles charmantes, illustré par le poème des animaux parlants, ouvrage qui, sous plus d'un rapport, fait honneur à l'Italie moderne, monument de poésie naturelle, de plaisanterie piquante, d'esprit philosophique et indépendant ; Vittorio Alfiéri, cité en Europe pour la force de ses idées, pour la nerveuse précision de son style, et pour la sévère simplicité de ses compositions tragiques.

Je ne puis terminer cette longue note sans faire une observation importante, relative à Vittorio Alfiéri. Le C. Petitot, qui vient de donner une version française des tragédies de cet auteur, le félicite d'avoir abjuré ses principes républicains. D'abord le traducteur Petitot ne sait ni assez d'italien ni assez de français pour interpréter fidellement un écrivain tel qu'Alfiéri ; en second lieu, le traducteur Petitot est beaucoup trop étranger à toute idée politique pour concevoir nettement quel est le système républicain adopté par Alfiéri. J'ai un peu connu cet écrivain lorsqu'il était à Paris, il y a treize ou quatorze ans ; depuis cette époque, il n'a pas publié une seule ligne qui ne soit conforme aux principes qu'il professait alors. C'est donc bien gratuitement que le traducteur Petitot le loue d'une apostasie honteuse ; il aurait dû réserver cet éloge pour de vieux littérateurs français qui l'ont beaucoup mieux mérité. Intérêt et sotte vanité, voilà tout le secret de leurs conversions miraculeuses. Du reste, il ne faut pas s'étonner si des hommes qui furent autrefois des hypocrites de philosophie, sont aujourd'hui des hypocrites de religion. C'est toujours un bal masqué ; ils n'ont fait que changer de domino.

Sifflets aigus, effrayantes huées ;<br>
On se croyait aux pièces de Nisas.

Le C. Carion de Nisas est jusqu'ici le seul grand poète que Pézenas ait donné à la France. Il a fait représenter, il y a deux ans, une tragédie intitulée, *Montmorenci*. On y voit le cardinal de Richelieu, qui, tout occupé des affaires de l'Europe, commence par observer qu'il a fait une grande pluie la nuit dernière. Il déclare ensuite à la reine qu'il est amoureux d'elle, que son mari, Louis XIII, ayant déjà trente et un ans, ne peut manquer de mourir bientôt, et qu'alors il voudra bien épouser la veuve du roi, lui cardinal, qui n'a pas encore quarante-huit ans. Cette déclaration raisonnable est écoutée avec un grand calme; et la reine, quoique de la maison d'Autriche, Castillane, fille de Philippe trois, belle-fille de Henri quatre, femme de Louis treize, et depuis, mère de Louis quatorze, a la politesse de ne pas faire jeter le cardinal par les fenêtres. Dans une autre scène, la reine et la princesse de Condé, toutes deux en puissance de mari, se content leurs petites aventures : l'une avoue sans bégueulisme son amour pour le duc de Montmorenci ; l'autre répond avec naïveté qu'elle aimait beaucoup le feu roi Henri quatre. Elles font toutes deux en faveur du duc, une tentative auprès de Louis treize. Le monarque, un peu embarrassé, prend le parti d'aller à la messe, pour implorer les lumières d'en-haut. Mais il n'en est pas quitte à si bon marché. Le vieux duc d'Épernon ayant fait une battue dans les châteaux, dans les castels, dans les gentilhommières, arrive à la fin du cinquième acte. Il amène avec lui le ban et l'arrière-ban, les grands seigneurs, les hobereaux, sans en excepter Carion, le trisaïeul de l'auteur. Tous viennent demander la grace du gouverneur de la province. D'Épernon n'a pas encore parlé durant la pièce; aussi s'en donne-t-il à cœur joie. Le roi ne trouve d'autre moyen de terminer ce long bavardage, que d'accorder ce qu'on lui demande; sur quoi le cardinal de Richelieu survient. Il conte succinctement comme quoi, n'ayant rien à faire dans son après-dînée, il s'est amusé à faire couper le tête de Montmorenci, en attendant de nouveaux ordres. Le roi comprend fort bien que c'est tout comme s'il n'avait rien accordé; et la toile se baisse, au grand contentement des spectateurs. Le style est constamment de la force de cette belle composition; ce qui n'est pas une médiocre difficulté vaincue. Le public a sifflé outrageusement cette facétieuse tragédie; mais il a eu la patience méritoire de la siffler jusqu'à la fin.

www.ingramcontent.com/pod-product-compliance
Lightning Source LLC
LaVergne TN
LVHW021744080426
835510LV00010B/1332